NOTICE RAISONNÉE

DES AVANTAGES ET DE L'UTILITÉ

DE LA

CORRESPONDANCE

LITTÉRAIRE,

Établie à Paris, par M. le Cher. F. D'ORSAY,

*Pour MM. les AUTEURS DRAMATIQUES
des Départemens ;*

Suivie d'*une Instruction* y relative, d'*une petite
Revue* des Théâtres de Paris, et du Tarif des droits
des Auteurs dans cette ville.

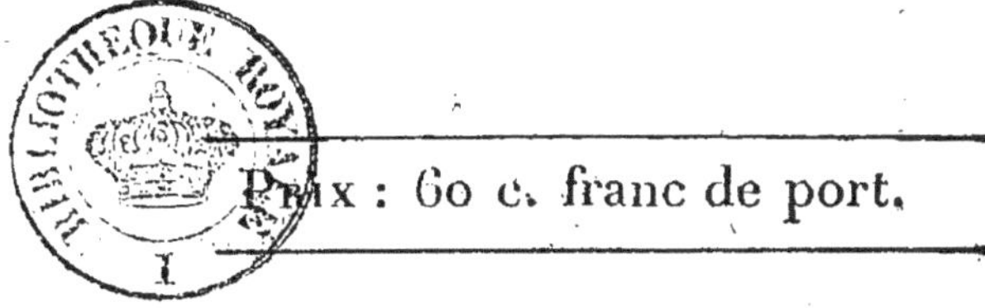

Prix : 60 c. franc de port.

Se trouve A PARIS,

Chez Madame HUET, Libraire Editeur de Pièces de Théâtres
et de Musique, tenant grand Magasin de pièces anciennes
et nouvelles de tous les Théâtres, dont elle peut fournir des
collections rares aux Amateurs, et à un prix très-modéré,
rue de Rohan, N°. 21 , *près le Palais-Royal.*

1819.

Se trouve dans les Départemens, chez les Imprimeurs et Libraires ci-après; savoir :

A AMIENS,   chez Caron l'aîné.
  ANGERS,   Mame, et Pavie.
  BESANÇON,   Mourgeon.
  BORDEAUX,   Lavigne, Gassiot, Castillon,
                                    et Teycheney.
  BREST,   Michel, et Egasse.
  CAEN,   Poisson.
  CLERMONT-FERRAND,   Landriot.
  DIJON,   Frantin, et Noëllat.
  HAVRE,   Faur,
  LILLE,   Vanackère, Leleu, et L. Danel.
  LYON,   Ballanche, et Chambert, rue
                                    Lafont, n°. 2.
  MARSEILLE,   Carnaud, Chardon, Masvert,
                                    Julien Peyron, et Camoin fr.
  METZ,   Antoine, et Lamort.
  MONTPELLIER,   Picot, et Martel.
  NANCY,   Boutoux.
  NANTES,   Mellinet-Malassis, et V. Mangin.
  NISMES,   Guibert, et Blachier.
  ORLÉANS,   Darnaud-Maurand.
  REIMS,   Lebastard.
  RENNES,   Chausseblanche.
  ROUEN,   Duval, Mari, et Frère.
  STRASBOURG,   J. H. Silbermann.
  TROYES,   Sainton, et Gobelet.
  TOULON,   Aurel.
  TOULOUSE,   Doudalouze, Manavit, et
                                    Navarre-Vieusseux.
Enfin à BRUXELLES, chez Gambier, rue de la Madeleine,
                       et Weissenbruch, rue du Musée.

Et chez tous les principaux Libraires de Province.

NOTICE RAISONNÉE

DES AVANTAGES ET DE L'UTILITÉ

DE LA

CORRESPONDANCE LITTÉRAIRE,

Etablie à Paris par M. le Ch^{er}. F. D'ORSAY,

Pour MM. LES AUTEURS DRAMATIQUES
des Départemens (*).

De tous les plans d'établissemens, anciens et modernes, aucun encore, assurément, n'a offert un point de vue plus avantageux pour la prospérité de la littérature dramatique dans toute l'étendue de la France, que celui dont il s'agit; en effet, quel est son but? de correspondre avec les auteurs dramatiques de tous les départemens, à quelqu'éloignement qu'ils puissent être de Paris, de leur faciliter les moyens de faire connaître avec splendeur leurs productions, de propager leurs succès et leur réputation, de les mettre à portée de recueillir le tribut de gloire qu'ils peuvent avoir droit de prétendre par leurs talens, et enfin d'accroître d'une manière ostensible les justes rétributions d'un travail honorable, qui peuvent améliorer ou adoucir leur sort, et peut-être même leur procurer l'existence.

Annoncer, comme le fait M. d'Orsay, qu'il reçoit en dépôt, de confiance, etc., etc., tous les ouvrages dramatiques des auteurs des départemens, qui aspirent à se faire jouer sur les théâtres de Paris, c'est positivement faire un appel à ces Messieurs pour les engager, les prier même, et dans leur propre intérêt et dans celui des progrès de l'art dramatique en France, de ne point garder leurs chefs-d'œuvre en porte-feuille, ou de ne les pas sacrifier non plus sur les théâtres des villes de province, où ils ne peuvent avoir qu'un médiocre succès, sans

---

(*) Voir l'instruction à la page 11.

aucune publicité ni profit , et bien souvent même , être tellement maltraités, en raison de la faiblesse des moyens des acteurs auxquels ils sont confiés , qu'ils tombent à plat , sans aucune ressource.

Quelques villes du premier ordre, sans doute , ont des troupes composées , en partie , de sujets à talens et capables de faire valoir certains ouvrages ; mais qu'est-ce que réussir en province , en comparaison de la capitale de l'Europe ? Une pièce représentée pour la première fois avec succès dans la plus grande ville des départemens , outre qu'elle est loin d'y avoir d'aussi nombreuses représentations qu'à Paris , et que le produit des droits d'auteur en est beaucoup moindre , n'est ensuite jouée , tout au plus , que dans quelques petites villes environnantes ; tandis qu'au contraire un ouvrage qui réussit complètement sur l'un des théâtres de Paris , non seulement a une prodigieuse quantité de représentations qui produisent de *gros bénéfices* , mais encore il est aussitôt joué avec enthousiasme dans toutes les grandes et petites villes de province , et par cela même ajoute d'autant mieux à la réputation et à la fortune de l'auteur.

Il est bien constant que, si tant de pièces, qui ont fait fureur et ont eu la plus grande vogue tant à Paris que dans les départemens , n'avaient été représentées pour la première fois que dans une ville de province, non seulement elles n'eussent jamais été connues ni dans Paris ni dans les départemens , et par conséquent fussent restées sans aucune réputation; mais encore que les auteurs n'eussent pas retiré *deux pour cent* du montant des bénéfices considérables que leurs ouvrages leur ont réellement produits.

C'est donc essentiellement sur les théâtres de Paris que MM. les Dramatistes des départemens devraient toujours s'attacher à faire représenter leurs ouvrages, afin d'en tirer honneur et profit. Pourquoi donc , dans cette grande ville , ne voit-on jamais annoncer sur les affiches que des productions de ses citadins ? pour quelle raison , tel qu'à l'exposition des produits de l'art et de l'industrie, ne voit-on point les auteurs des départemens venir rivaliser de zèle et de talens avec leurs collègues de Paris, et leur disputer la palme et les couronnes? Certes ce n'est pas seulement dans Paris qu'il a existé et qu'il existe encore des hommes d'un grand mérite dans ce genre de littérature ; (*) nul doute que la fertilité du génie français ne s'étende dans tous les départemens aussi bien pour cet objet que pour tant et tant d'autres dans les sciences et doctrines , les arts et l'industrie , dont l'extrême supériorité élève aujourd'hui la France au-dessus de tous les autres peuples de la terre ; et si jusqu'à présent nous avons eu rarement occasion de nous en apercevoir, nous ne devons pas douter un seul instant que la cause n'en provienne bien réellement des difficultés sans nombre que MM. les auteurs dramatiques ont trouvées pour parvenir à faire représenter leurs ouvrages sur les théâtres de la capitale.

En province, beaucoup plus sensé qu'à Paris , on compte peu sur le mérite littéraire pour s'assurer une existence honnête, le point essentiel est de se procurer des fonctions , un état , ou une profession honorables sur lesquels on puisse fonder les bases de sa fortune ; mais, dans cette même province où généralement on a bien moins de sujets de distraction qu'à Paris , parmi les fonctionnaires , les commerçans et même les artisans , combien n'en est-il pas qui emploient leurs momens de loisir à la culture des lettres ! Dans la quantité plus d'un s'adonnent particulièrement au genre dramatique et peut-être y excellent ; pourtant ils ne se font pas connaître ; ils recèlent leurs manuscrits, et privent souvent la postérité de chefs-d'œuvre dont nos grands maîtres eux-mêmes eussent peut-être envié le succès.

Est-ce excès de modestie, est-ce insouciance ? point ; ce sont, nous le répétons, les difficultés qui les arrê-

---

(*) P. Corneille et Pradon étaient de *Rouen*, Racine de *la Ferté-Millon*, Crébillon et Piron de *Dijon*, Rotrou de *Dreux*. De Balioy de *Saint-Flour*, Dancourt de *Fontainebleau*, Favard de *Vannes*, Bruéis d'*Aix* en Provence, Palaprat de *Toulouse*, Ducis de *Versailles* , Collin-d'Harleville de *Mévoisin* , près Chartres, etc , etc. , etc —Et tout présentement , MM. Casimir *De la Vigne* et *Lancelot* , tous deux âgés de vingt-cinq ans, sont du *Hâvre* ; le premier est auteur des Vêpres Siciliennes et le second de Louis IX , (a) Tragédies nouvellement représentées , l'une au second, l'autre au premier Théâtres Français.

(a) A Paris, chez Madame HUET, Libraire-Editeur, rue de Rohan, N°. 21.

tent : en effet quitteront-ils leurs fonctions , leur commerce , leurs travaux, feront-il les frais d'un long voyage , pour , dans l'incertitude du succès de leur entreprise, venir à Paris solliciter l'admission de leurs pièces à tel ou tel théâtre, pour en suivre et surveiller l'exécution, attendre jusqu'après la première représentation afin de pourvoir à son impression, et ensuite retourner dans leurs foyers? non, c'est une chose impossible : l'homme raisonnable doit tout calculer et ne doit point inconsidérément sacrifier des moyens d'existence et de fortune assurés, pour une gloire et des bénéfices souvent idéals et presque toujours incertains jusqu'après l'exécution.

Nous avons en province des littérateurs distingués que les faveurs de la fortune mettent au-dessus de tous ces calculs de frais de voyage et de temps perdu; mais aussi qui n'ayant aucun besoin des produits de leurs talens pour s'assurer l'existence, se contentent de composer, de travailler pour leur propre satisfaction, sans se mettre en peine des moyens de faire représenter leurs ouvrages ou de les publier; et certes c'est grand dommage; car l'homme qui vit dans l'aisance est plus à portée que tout autre de se perfectionner dans les sciences qu'il affectionne et par conséquent plus capable d'y exceller : pourquoi donc ne se fait-il pas connaître? est-ce encore modestie, insouciance? pour de la modestie, c'est possible, nous savons qu'elle est compagne du véritable talent; mais de l'insouciance! non, sans donte. Mais c'est qu'il appréhende de se déplacer, de venir dans Paris où souvent il ne connaît personne, et d'y faire des démarches infructueuses; c'est qu'il regarde la plupart du temps comme trop au-dessous de lui de postuler auprès des administrations théâtrales, et d'y courir le risque d'éprouver des désagrémens et même des refus; c'est qu'enfin il redoute de se mettre trop en avant ou trop à découvert et de se compromettre s'il éprouvait une chûte pour résultat.

Au-dessous de l'honnête médiocrité, ne craignons pas de le dire, dans la misère enfin, combien n'avons-nous point aussi d'hommes d'esprit, d'un talent et d'un mérite recommandables dans ce genre de littérature, et qui végètent faute de moyens suffisans pour se montrer et se faire remarquer! peuvent-ils, doivent-ils quitter leur ville ? non, leur existence dépend en partie de leurs parens, de leurs amis, s'ils s'éloignaient, ils perdraient cet appui bienfaisant : et, encore bien qu'ils se décidassent à s'acheminer vers Paris, qu'y feraient-ils, ne pouvant point suffire aux dépenses indispensables pour s'y présenter convenablement, ni pourvoir à leur existence jusqu'à ce qu'ils aient obtenu des résultats satisfaisans ?

Nous ne devons point négliger encore de parler ici d'un sexe qui, avec l'amabilité, la sensibilité, l'esprit, la finesse et le tact surtout qui le caractérisent, est capable des idées les plus délicates et les plus ingé-nieuses, et de concevoir les intrigues les mieux com-binées et les mieux suivies de l'art dramatique. Pourquoi les dames auteurs, qui plus d'une fois nous ont donné des preuves de leur savoir-faire, nous privent-elles presque continuellement de la douce satisfaction d'ap-précier leur talent et leur mérite dans ce genre ? la raison en est simple et l'objection des difficultés encore plus facile à prouver pour ces dernières que pour tous les autres: la retenue, la bienséance les en empêchent; elles peuvent bien publier des poésies, des romans, elles n'ont affaire pour cela qu'avec le libraire; mais produire des ouvrages dramatiques nécessite des dé-marches et des soins trop inconvenans et beaucoup trop déplacés pour des dames.

Par suite de toutes les difficultés et de tous les inconvéniens que nous venons de signaler, combien de fois, dans des papiers de succession, ne s'est-il pas trouvé des ouvrages dramatiques d'un grand mérite, qui, s'ils eussent été représentés, auraient eu beau-coup de succès et auraient été d'un grand produit pour l'auteur et pour ses héritiers, et qui, soit par l'ignorance de ces derniers, soit par l'embarras où ils se trouvaient d'en tirer le parti convenable, ont été entassés avec tant d'autres vieux papiers de famille et de procédure dans le coin de quelque grenier, ou peut-être vendus et livrés à l'épicier pour en faire des cornets et autre usage semblable : (*) aussi combien

______

(*) La comédie intitulée : *les Querelles des deux Frères*, de

la postérité n'aura-t-elle point à gémir de pareils for-
faits, et à regretter qu'il n'ait point été formé plutôt un
établissement tel que celui dont il s'agit aujourd'hui.

Pour lever toutes ces difficultés, pour obvier à
tous ces inconvéniens, quel moyen plus efficace que
celui présenté par M. d'Orsay ? La correspondance
qu'il offre de tenir avec tous les auteurs dramatiques
des départemens de la France, de tous les sexes et
de toutes les classes de la société, leurs héritiers et
ayant-causes, leur donne toute facilité : dès-lors
plus le moindre embarras ; les uns n'ont plus besoin
de se déplacer, de perdre un temps précieux, ou de
faire [des frais de voyage et autres dépenses, quelque-
fois au-dessus de leurs facultés ; les autres n'ont plus
à se montrer ou à faire par eux-mêmes des démarches et des sollicitations désagréables ou contraires
aux convenances et souvent infructueuses ; ils ne se
mettent ni les uns ni les autres aucunement à découvert ; ils ne sont connus que de M. d'Orsay, qui
garde fidèlement le secret ; ils restent donc tout-à-fait
anonymes tout aussi long-temps que cela peu leur
convenir, et, par là, sont entièrement à l'abri de la
critique et du blâme, ou des éloges et de la flatterie
qui pourraient les contrarier ; enfin ils ne courent
pas même le risque du moindre déboursé, puisque
d'avance M. d'Orsay les tient absolument quittes de
tout, si malgré ses peines et ses soins, leur pièce ne
réussit point.

Quel accroissement d'excellens ouvrages dramatiques
n'aurions-nous point aujourd'hui sur nos répertoires,
quelle célébrité n'eussent point acquis certains hommes
de lettres, si depuis bien des années tous les auteurs
des départemens avaient pu jouir de la facilité qui se
présente aujourd'hui pour se faire jouer à Paris ; s'ils
avaient pu compter, comme actuellement, sur un
correspondant discret, un agent actif et intelligent,
sur un représentant fidèle enfin, qui se chargeât de
la tâche pénible, même pour ceux que cela intéresse.

Collin-d'Harleville, a été trouvée, après son décès, chez un
marchand Epicier, parmi des papsrasses que ce dernier avait
achetées à la livre ; et tout le monde sait le brillant succès
qu'à abtenu cet ouvrage remarquable.

personnellement, de poursuivre auprès des administrations théâtrales l'admission à la lecture, de faire cette lecture, d'obtenir la représentation avec l'autorisation des censeurs du Gouvernement, de surveiller l'exécution, de bien disposer MM. les journalistes en faveur de l'ouvrage, et ensuite de le faire représenter avec toutes les précautions nécessaires pour *faire soutenir la pièce* contre les efforts de la cabale, (s'il y a lieu); après le succès de la représentation, de traiter promptement avec un libraire pour l'impression de l'ouvrage, et, sitôt imprimé, d'en envoyer des exemplaires à chaque directeur des principaux théâtres de province pour l'engager à faire jouer la pièce, et de cette manière en propager le succès et accroître considérablement les bénéfices de l'auteur ! !

Peut-on se dissimuler tous les avantages que présente un semblable établissement ? car enfin, s'il n'existait point, MM. les Auteurs des départemens demeureraient donc éternellement condamnés à garder en porte-feuille leurs ouvrages ; ou bien, comme nous l'avons déjà dit, à les sacrifier sur les théâtres de province sans aucun avantage pour leur réputation et leur fortune; autrement, si l'envie de se faire jouer à Paris leur prenait, à qui pourraient-ils s'adresser ? à un parent ? à un ami ? mais ce parent, cet ami serait peut-être lui-même littérateur dans ce genre, et, s'il l'était, ne commencerait-il pas, avant tout, par examiner l'ouvrage, le censurer et le critiquer même avec amertume (souvent par esprit d'envie et de jalousie); et le jugeant sans appel, indigne d'être présenté par lui, ne le renverrait-il point ? ou, s'il condescendait à le présenter, ne serait-ce toujours pas avec autant de froideur, si peu de zèle et d'intérêt que le succès en serait fort douteux ? et dans le cas où cet ami ne serait ni littérateur, ni habitué à toutes les intrigues et les menées des théâtres, ne serait-il pas bien incapable de pouvoir prévenir, de surmonter tous les obstacles, et de prendre tant de précautions si nécessaires pour assurer une réussite fructueuse, sous tous les rapports.

Il est donc bien évident que M. d'Orsay, par ses connaissances, son habitude et ses relations continuelles avec tous les théâtres de Paris, doit être le point de mire de MM. les auteurs dramatiques de tous les départemens ;

que par son entremise , ils ont la certitude d'obtenir les résultats les plus satisfaisans à tous égards , et qu'il est d'un intérêt majeur pour eux , de ne point négliger une occasion si favorable de faire représenter leurs ouvrages sur les théâtres de la capitale , où les efforts des grands talens qui s'y trouvent réunis , la magnificence des salles de spectacle , l'éclat des costumes , des décorations et des accessoires forment un ensemble tellement flatteur et entraînant , qu'il est , pour ainsi dire , le sûr garant de l'heureux succès des ouvrages , même les plus faibles : nous citerons pour exemple , que dernièrement encore , plusieurs pièces nouvelles qui avaient complètement réussi à Paris , ont ensuite été vivement sifflées dans plusieurs villes de province ; il est donc de même bien certain que quantité de pièces , qui ont échoué à la première représentation en province , auraient pu obtenir du succès si elles eussent été jouées à Paris.

Pour terminer , nous ne devons pas non plus passer sous silence la très-grande publicité des journaux de Paris extrêmement répandus dans toutes les villes de France et de l'étranger , qui , donnant fort exactement l'analyse de toutes les pièces nouvelles jouées sur les théâtres de Paris , et en fesant toujours l'éloge ou la critique avec goût , esprit et impartialité , proclament le mérite des bons ouvrages , en étendent la réputation et les font connaître aux Directeurs des départemens, qui s'empressent aussitôt de les faire représenter.

Par tous les motifs et considérations qui précèdent , nous espérons que MM. les Auteurs des départemens se rendront à l'évidence , et que , désabusés sur les craintes que pouvaient leur donner tant de difficultés , qui se trouvent présentement tout-à-fait applanies , ils regagneront bientôt le temps perdu , en prodiguant spontanément à la capitale les faveurs de leurs talens dramatiques: qu'enfin la France , toute entière , pourra désormais connaître et apprécier toute l'importance de ses richesses dans ce genre de littérature ; et que la postérité devra quelque reconnaissance à M. d'Orsay , pour les heureux· effets d'une entreprise aussi utile qu'intéressante et avantageuse pour les lettres.

CORRESPONDANCE ET AGENCE

LITTÉRAIRES-DRAMATIQUES,

Rue Saint-Antoine , N°. 75 , A PARIS.

INSTRUCTION.

M. d'Orsay reçoit en dépôt , *de confiance et sous le sceau du secret le plus scrupuleux ,* toutes les productions dramatiques , qui n'ont point encore été représentées sur aucun théâtre, telles que *Tragédies, Drames, Comédies , Opéras , Opéras-Comiques, Vaudevilles , Mélodrames, etc.* de MM. les Auteurs de tous les départemens de la France, qui aspirent à les faire jouer sur les théâtres de Paris.

Il se charge de présenter chaque ouvrage sur celui des théâtres de la capitale , qui convient le mieux à son genre , et fait toutes les démarches nécessaires pour le faire agréer tant par les Comités de lecture que par les Censeurs du Gouvernement.

Il donne tous ses soins à surveiller la mise en scène et l'exécution des Pièces de manière à en assurer le succès.

Lorsqu'un grand Opéra , ou un Opéra-Comique est reçu pour être représenté , le soin de la musique en est confié à l'un de nos Compositeurs les plus distingués dans ce genre : l'Auteur du poëme est libre de désigner celui qui lui convient le mieux.

Si l'admission d'un ouvrage est ajournée par le Comité de lecture pour des causes légères , ou pour des motifs d'observations auxquels il est possible de remédier , en y fesant des corrections plus ou moins importantes , M. d'Orsay en fait aussitôt part à l'Auteur et lui transmet en détail tous les avis , observations ou renseignemens nécessaires pour lui faciliter les moyens de faire les changemens et améliorations convenables pour l'admission définitive et la réussite de sa pièce.

Si l'ouvrage est rejeté, sans aucun espoir, il est de suite renvoyé à l'auteur avec une note détaillée des causes du rejet.

Toutes copies des manuscrits et des rôles sont toujours faites sous les yeux de M. d'Orsay ; de manière qu'aucune communication indiscrète puisse jamais en être prise ou donnée.

Le nom d'un Auteur n'est jamais connu de qui que ce soit qu'autant que sa pièce a réussi complètement : il n'est nommé sur le théâtre que de son consentement formel.

Suivant que les circonstances l'exigent, lors de l'impression d'un ouvrage, M. d'Orsay y joint des annotations instructives sur l'emploi, le caractère ou le costume de chaque rôle ; sur le jeu et la position particulière de chaque acteur, les mouvemens et jeux muets de la scène, les décorations, accessoires, etc., etc., tel enfin que le tout a été créé et exécuté sur le théâtre où la pièce a été représentée pour la première fois ; de manière à en faciliter l'exécution plus parfaite dans les départemens, en propager le succès et en accroître d'autant plus les bénéfices.

M. d'Orsay se charge de percevoir les droits d'Auteur, tant à Paris que dans les départemens ; et chaque mois, exactement, en fait parvenir le montant à ces Messieurs, auxquels même il fait des avances dans l'occasion.

Il procure la vente des droits des Auteurs et de propriété des ouvrages de toute nature, dont il facilite et accélère aussi l'impression, aux conditions les plus avantageuses possibles.

Toutes lettres et paquets doivent être adressés *francs de port*, à M. D'ORSAY, *rue Saint-Antoine*, N°. 75, à PARIS.

Aussitôt l'arrivée d'un ouvrage, il est inscrit à son ordre de date et de numéro sur un registre à ce destiné ; si la lettre d'envoi contient des instructions et observations importantes dans l'intérêt de l'ouvrage, mention en est aussi faite au même registre, et de suite il est accusé réception du tout à l'Auteur.

Il n'est dû et reclamé par M. d'Orsay aucune rétribution quelconque pour les pièces rejetées sans espoir, après lectures faites aux Comités, ni même pour celles qui n'ont aucun succès à la représentation et dont l'Auteur ne tire alors aucun fruit ; telles peines , tels soins qu'on ait pû prendre pour parvenir à la faire représenter: ainsi à cet égard pas la moindre inquiétude. Alors seulement qu'un Ouvrage a réussi et qu'il produit des bénéfices à son Auteur , M. d'Orsay a droit à une rétribution proportionnée à l'importance et au succès , et dont il s'entend d'avance avec MM. les Auteurs, qui n'ont jamais d'autres déboursés à faire que ceux de ports et affranchissemens de toutes lettres et paquets par la poste ou par la diligence *(car on ne reçoit absolument rien sans être affranchi)*.

(MM. les Correspondans, percepteurs des droits d'Auteurs dans les départemens, déjà en activité pour le compte d'autres Agences de Paris, sont prévenus qu'ils sont agréés par M. d'Orsay , qui leur transmettra ultérieurement des instructions particulières.)

NOTA. Les Personnes, qui auraient seulement des sujets ou des plans de pièces , n'importe en quel genre, et qui n'auraient pas le loisir de les mettre par elles-mêmes à exécution, peuvent aussi s'adresser à M. d'Orsay qui les mettra en relation avec des collaborateurs capables d'en tirer le meilleur parti dans l'intérêt commun.

Enfin les Amateurs de l'art dramatique en général, qui auraient des idées , des réflexions , des observations , ou des anecdotes utiles et intéressantes pour les progrès et le perfectionnement de cet art , sont instamment priés de les transmettre de suite à M d'Orsay , qui les utilisera de son mieux , soit en les fesant publier dans les Journaux de Paris , soit en les comprenant dans un petit ouvrage qu'il se propose de faire paraître incessamment.

(Franc de port.)

PETITE REVUE
DES THEATRES DE PARIS.

L'OPÉRA.

Personne n'ignore que rien n'est comparable en Europe, au grand Opéra de Paris, tant sous le rapport du talent par excellence des artistes, en tous genres, qui le composent, que sous celui de l'illusion parfaite qui résulte de la grandeur du théâtre, de la beauté des décorations, de l'ensemble des machines, du grand nombre de danseurs, comparses ou figurans, et encore de la richesse, de l'éclat et de la fraîcheur des costumes et accessoires.

On y représente de grands Opéras et des Ballets; très-peu de petits Opéras.

LE THÉATRE FRANÇAIS.

Aussi composé des premiers talens de l'Europe, ce Théâtre ne laisse rien à desirer sous le rapport de l'ensemble et du jeu des Acteurs; il serait à souhaiter seulement que l'on y fût moins stérile en nouveautés.

On y représente des Tragédies, des Drames, et des Comédies, grandes et petites; ces dernières, en vers et en prose.

L'OPERA-COMIQUE.

Ce Théâtre offre encore une réunion des Artistes les plus distingués du premier ordre; on y apporte le plus grand soin à la mise en scène des ouvrages, qui y sont toujours joués avec un ensemble parfait.

Costumes, décors, machines et accessoires, rien n'y est négligé.

On y représente seulement des Opéras-Comiques, et quelques Comédies mêlées d'ariettes.

LE SECOND THEATRE FRANÇAIS.

Nouvellement institué , ce Théâtre présente déjà néanmoins un assemblage de sujets à grands moyens , qui donnent les plus belles espérances , et qui ne demandent que force nouveautés pour en faire valoir le mérite et les beautés , et leur assurer un succès qui fonde aux Acteurs une réputation solide et à l'abri de toute critique.

On y représente aussi des Tragédies , des Drames et des Comédies ; la Tragédie , surtout , y mérite les plus grands éloges ; le brillant succès *des Vépres Siciliennes* , tragédie nouvelle , qui vient d'y être représentée , en est un bon témoignage.

On a lieu d'espérer que ce second Théâtre devenant un stimulant pour la Comédie Française , elle se piquera d'amour – propre , et que la lutte qui doit nécessairement en résulter , sera très-favorable aux progrès de l'art dramatique , un peu négligé depuis quelque temps.

LES THEATRES DU VAUDEVILLE ET DES VARIÉTÉS.

Sont composés d'Acteurs parmi lesquels on en compte plusieurs d'un mérite distingué ; les costumes et les décors y sont soignés, et les pièces jouées avec beaucoup d'ensemble , notamment aux Variétés où l'on donne principalement des Bouffonneries , des Charges et des Farces.

On représente seulement à ces deux Théâtres , des Vaudevilles et des Comédies mêlées de couplets.

Ces deux Salles ne désemplissent pas.

LES THÉATRES DE LA PORTE-SAINT-MARTIN, DE L'AMBIGU-COMIQUE ET DE LA GAITÉ.

Les troupes de ces Théâtres se composent en général d'assez bons Acteurs dans leur genre ; la danse , les combats et la musique y sont exécutés avec le plus grand soin ; les costumes, les décors et les accessoires, sont toujours faits tout-à-neuf pour chaque nouvelle pièce , suivant les mœurs, les usages et les climats auxquels les sujets en appartiennent ; les décorations, surtout, y sont magnifiques, d'un grand effet, prêtent beaucoup à l'illusion, et méritent les plus grands éloges aux administrations et aux peintres chargés de l'exécution.

On y représente des Mélodrames, des Ballets-Pantomimes à grand spectacle, des Drames et quelques petits Opéras-Comiques; des Vaudevilles et des Comédies en un acte.

Ces trois Théâtres sont toujours très-fréquentés et les pièces y ont une très-grande quantité de représentations.

Les autres Spectacles de Paris étant étrangers à notre Correspondance, nous n'en dirons rien.

TARIF des droits des Auteurs a Paris.

PREMIER ET SECOND THÉATRES FRANÇAIS.

Pour une Pièce en quatre ou cinq actes, le huitième de la recette, après le tiers prélevé pour les frais.

Pour une Pièce en trois actes, le douzième; pour celle en un et deux actes, le seizième.

OPÉRA-COMIQUE.

Pour une Pièce en trois, quatre, ou cinq actes, le neuvième; pour une Pièce en un et deux actes, le douzième.

THÉATRE DU VAUDEVILLE.

Pour une Pièce en trois actes, le neuvième; celles en deux actes, le douzième; en un acte, le quinzième.

Aux autres Théâtres, les droits des auteurs se règlent de gré à gré avec les administrateurs.

Nota: Il est bon d'observer que les propriétaires des ouvrages posthumes ont les mêmes droits que les auteurs; ainsi les héritiers qui produisent une pièce d'un auteur décédé, en perçoivent les droits, comme il aurait fait lui-même de son vivant.

DELAGUETTE, Imprimeur, rue Saint-Merry, N°. 22, à Paris.